Einsterns Schwester

3

Trainingsheft

zum Grundwortschatz

Herausgegeben von
Roland Bauer, Jutta Maurach

Erarbeitet von
Martina Schramm

In Zusammenarbeit mit
der Redaktion Grundschule Deutsch 2–4

Cornelsen

Inhaltsverzeichnis

In diesem Heft findest du ab Seite 5 Wörter, die du mit einer **Lernwörterkartei** üben kannst.

Du erkennst sie an diesem Zeichen: 

Für eine Lernwörterkartei brauchst du:

- einen Karteikasten,
- passende Kärtchen mit Linien,
- drei Trennkärtchen für vier Fächer.

So legst du die Kartei nach und nach an:

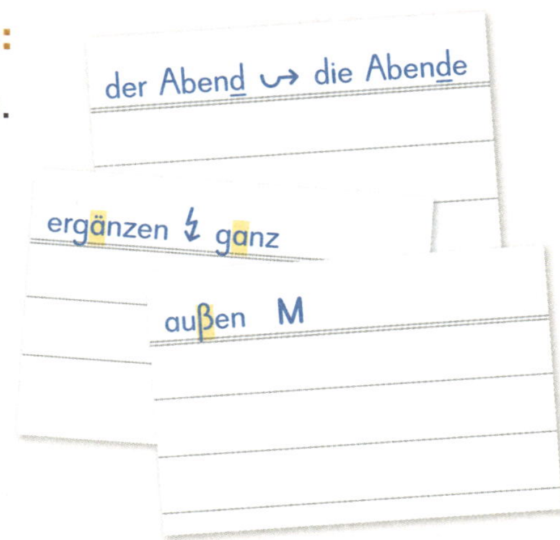

- Schreibe jedes Lernwort auf ein Kärtchen.
- Schreibe zu jedem Wort das Zeichen, das beim Üben dieses Wortes hilft.

  Notiere auch das Verlängerungs- oder Ableitungswort.
- Markiere wichtige Stellen im Wort.

So übst du mit den Wortkärtchen:

1. **Lies** das Wort auf der Karte.
2. Drehe die Karte um.
3. **Schreibe** das Wort in ein Heft.
4. **Kontrolliere** und verbessere.
   - Wörter, die du richtig geschrieben hast, rücken ein Fach weiter.
   - Wörter, die du falsch geschrieben hast, bleiben vorn und du übst sie nochmals.
   - Lass dir die Wörter auch von einem Partnerkind diktieren oder diktiere sie dir selbst mit einer Sprachaufnahme.

Übe einmal pro Woche auch die Wörter aus den Fächern 2, 3 und 4.

1 Lies und merke dir nach und nach
die Wörter jeder Stufe der Pyramide.
Schreibe die Wörter jeder Stufe auswendig auf.

S. 4 ①
A: los ✓
uns, weg ✓
...
B: ...

A

los
uns weg
des weil zur
raus ihm ihn ihr herein

B

also
bald denn
durch her selbst
heraus deshalb deswegen

Du kannst jede Stufe
in einer anderen Farbe schreiben.
Kontrolliere zum Schluss. Hake ab
und verbessere.

2 Versuche, dir eine Pyramide aus ①
so weit wie möglich zu merken.
Decke die Wörter ab und
schreibe sie auswendig auf.

S. 4 ②
... ✓

3 Gestalte mit allen Wörtern aus ①
eine eigene große Pyramide auf einem Blatt.
Ordne die Wörter so an, dass du sie dir
besonders gut merken kannst.

Wörter in Silben zerlegen

ω ★

① Schreibe die Verben mit Silbenbögen auf. Markiere die Silbenkerne.

gefroren	besiegen	geschoben
gebogen	gezogen	erwarten
verraten	verkaufen	verkleiden

gefroren

② In diesen Nomen sind die Silbenkerne vertauscht.
Schreibe die Wörter mit ihrem Artikel richtig auf.
Zeichne die Silbenbögen ein.

der Buref ★ der Dennor ★ die Gubert ★ die Helfi ★
der Gurech ★ die Testa ★ der Schnepfun

der Beruf,

ω antworten, bereit, einige, prüfen, schenken

1 Mit Silben abschreiben und kontrollieren

① Trage jeweils die passende Silbe ein und schreibe die Nomen vollständig in dein Heft. Kontrolliere mit Silbenbögen.

S. 6 ①
Internet, ✓...

ne	burts	tof	~~ter~~

sund	gän	se	trei	heim

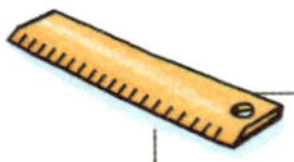

In ter net	Ge ____ tag	Kar ____ fel
Li ____ al	Ge ____ de	Ge ____ nis
Fuß ____ ger	Ge ____ heit	Fern ____ her

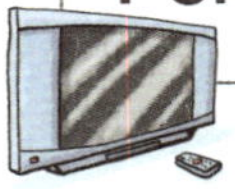

② Schreibe die Sätze als Schleichdiktat. Zeichne zur Kontrolle die Silbenbögen ein.

S. 6 ②
A: Weihnachten ist ... ✓
B: ...

A Weihnachten ist im Dezember.

B Australien ist ein großer Kontinent.

C Zum Mittagessen machen wir Nudeln.

D Zum Abendessen gibt es Sesambrötchen.

E Auf der Blume war ein Schmetterling.

Deutschland, die Gemeinde, die Linie, die Medien, der Unterricht

1 Wörter mit **en**, **el** und **er** schreiben

(1) Setze en, el oder er passend ein und schreibe die Wörter nach ihren Endungen geordnet auf. Zeichne Silbenbögen ein.

S. 7 ①
en: ernten, ...
el: ...
er: ...

ernt en	Humm___	Sess___
Nab___	schnei___	eu___
Fäch___	Feu___	tröst___
Spieg___	Ang___	selb___
Schalt___	impf___	Schlüss___

(2) Unterstreiche in den Sätzen alle Wörter, die mit en, el oder er am Ende geschrieben werden. Schreibe die Wörter in dein Heft.

S. 7 ②
A: bisschen, ✓
B: ...

A Lolas Füße sind ein bisschen schmutzig.

B Die Fächer unten im Regal sind voll.

C Norden und Süden sind Richtungen, Westen und Osten ebenfalls.

D Draußen im Garten steht eine Leiter.

E Das Gewitter kommt näher.

selber, der Süden, unten, wegen, der Westen

① Leite jedes Nomen in der Mehrzahl vom Einzahlwort mit a oder au ab. Ergänze passend. Schreibe die Wortpaare in dein Heft.

S. 8 ①
die Brände ↯ der Brand,
die ...

Mehrzahl	↯	Einzahl
die Br ä nde	↯	der Br a nd
die B ______ lle	↯	der B ______ ll
die D ______ cher	↯	das D ______ ch
die Dr ______ hte	↯	der Dr ______ ht
die R ______ me	↯	der R ______ m
die G ______ nse	↯	die G ______ ns
die P ______ sse	↯	der P ______ ss
die Str ______ nde	↯	der Str ______ nd
die Sp ______ ße	↯	der Sp ______ ß
die Schr ______ nke	↯	der Schr ______ nk
die Str ______ cher	↯	der Str ______ ch
die Sch ______ tze	↯	der Sch ______ tz
die B ______ nder	↯	das B ______ nd

das Gebäude ↯ bauen, das Gepäck ↯ packen,
das Geschäft ↯ schaffen, der Jäger ↯ jagen,
die Kälte ↯ kalt, die Wärme ↯ warm

Weitere Wörter mit **ä** und **äu** ableiten

① Finde zu jedem Verb das Nomen mit a oder au, von dem du ableiten kannst. Schreibe und markiere wie im Beispiel.

~~drängeln~~ | zählen | nähen | schlängeln | quälen | räuchern

die Qual | ~~der Drang~~ | die Naht | die Schlange | der Rauch | die Zahl

drängeln ↯ der Drang,

② Setze passend ä oder äu in die Wörter ein.

bl äu lich	erk ___ ltet	schw ___ rzen
br ___ nlich	die N ___ sse	sch ___ men
j ___ hrlich	erkl ___ ren	gl ___ nzen

③ Finde zu jedem Wort aus ② ein Wort, von dem du ableiten kannst. Schreibe im Heft wie im Beispiel.

S. 9 ③
bläulich ↯ blau, ...

ändern ↯ anders, ergänzen ↯ ganz,
häufig ↯ der Haufen, säen ↯ die Saat, stärken ↯ stark

2 Nomen mit **b/p**, **d/t** und **g/k** verlängern

① Setze den passenden Buchstaben am Wortende ein. Bilde dazu die Mehrzahl. Schreibe im Heft wie im Beispiel.

S. 10 ①
die Wand ↪ die Wände,
der ...

Einzahl	↪	Mehrzahl
die Wan d	↪	die Wän d e
der Zu___	↪	die Zü___e
das Flugzeu___	↪	die Flugzeu___e
das Geschen___	↪	die Geschen___e
der Ber___	↪	die Ber___e
das Pake___	↪	die Pake___e
der Hel___	↪	die Hel___en
der Grun___	↪	die Grün___e

② Notiere die Nomen aus ①, die in den Sätzen beschrieben werden.

Es fliegt in der Luft und macht viel Krach. ___

Es ist in buntem Papier eingepackt. ___

Er bringt Menschen zu verschiedenen Orten. ___

Er ist bei Menschen beliebt, die wandern. ___

die Erwartung ↪ die Erwartungen, der Mittag ↪ die Mittage

① Setze b oder p, g oder k ein.
Die passende Grundform hilft dir dabei.
Schreibe im Heft wie im Beispiel.

S. 11 ①
sie lebt ↪ leben,
er ...

sie le b t	er blei ___ t	sie fra ___ t	er lo ___ t
er zei ___ t	sie ma ___	er trin ___ t	sie ü ___ t

trinken	zeigen	mögen	üben
bleiben	leben	fragen	loben

② Unterstreiche in jedem Satz das Adjektiv.
Verlängere und unterstreiche im Heft
wie im Beispiel.

S. 11 ②
A: blond ↪ die blonde Mutter
B: ...

A Hannas Mutter ist blond.

B Manche Menschen sind geizig.

C Die Frau mit der Brille ist seit der Geburt blind.

D Die Seife in der Flasche ist flüssig.

E Der Lehrer ist nun wieder gesund.

F Gestern war das Wetter windig.

kräftig ↪ die kräftige Frau, traurig ↪ der traurige Mann,
er legt ↪ legen, es wird ↪ werden, sie zeigt ↪ zeigen

① Ergänze den passenden doppelten Konsonanten.
Verlängere durch Weiterschwingen.
Schreibe im Heft wie im Beispiel.

S. 12 ①
satt ↪ ein sattes Baby,
...

(rot) = ll   (gelb) = mm   (grün) = nn   (weiß) = tt

sa tt	vo ___	du ___
stu ___	dü ___	sti ___
he ___	schli ___	ne ___

② Unterstreiche in den Sätzen alle Nomen
mit einem doppelten Konsonanten.
Verlängere durch Weiterschwingen.
Schreibe im Heft wie im Beispiel.

S. 12 ②
A: Herr ↪ die Herren
B: ...

A Herr Kuzu steht an der Ampel.

B Im Fluss schwimmen Fische.

C Tim wischt die Tafel mit einem Schwamm.

D Ein Pass ist ein wichtiger Ausweis.

E So manche Nuss ist schwer zu knacken.

F Auf einem Schiff schaukelt es manchmal.

der Schall ↪ schallen,   der Tipp ↪ tippen

① Setze St oder Sp passend ein.
Schreibe die Nomen vollständig mit ihrem Artikel in dein Heft. Unterstreiche St und Sp.

S. 13 ①
der Strom, der ...

der St rom	der ____ off	der ____ olz
die ____ rafe	der ____ urm	die ____ itze
die ____ rache	der ____ rung	die ____ ärke
der ____ iel	die ____ inne	der ____ reifen

② Unterstreiche in jedem Satz das Verb mit st oder sp.
Schreibe es auf und unterstreiche st und sp.

Diebe stehlen häufig wertvolle Dinge. stehlen ✓

Tim und Imo spazieren am Strand entlang. ____

Frau Sommer will ihr Holzregal streichen. ____

Viele Menschen strömen in die Arena. ____

Die Bäume spiegeln sich im Wasser. ____

Die Fähigkeiten der Kinder sollte man stärken. ____

Auf einem Trampolin kann man hoch springen. ____

die Sprache, die Stirn, stolz, streng, stürmisch

① Bilde mit den Vorsilben ver und vor sinnvolle Verben in der Grundform.

	brauchen	gleichen	einen	schmutzen
ver	brennen	fragen	trauen	schwinden
	doppeln	missen	angeln	sprechen
	kommen	beißen	schreiben	sagen
vor	frieren	stellen	gehen	lesen
	schlagen	fahren	tragen	nehmen

verbrauchen,

Es gibt **zehn sinnvolle Verben** mit **ver** und **zehn sinnvolle Verben** mit **vor**.

M verrückt, verwandt, der Verwandte, vielleicht, vollständig, der Vorname, vorwärts

① Kennzeichne den kurzen Vokal mit einem Punkt (.).
Unterstreiche den langen Vokal (_).
Ordne die Nomen im Heft in eine Tabelle ein.

S. 15 ①

kurzer Vokal	langer Vokal
Wurst	Hut
...	...

Hut	Wurst	Tod	Kraft
Film	Gras	Pilz	Mensch
Glanz	Fest	Chor	Zug
Schaf	Flut	Kunst	Qual

② Finde zu jedem Muster das passende Adjektiv.
Schreibe die Wörter auf und kennzeichne den kurzen Vokal mit einem Punkt.

blond ~~dicht~~ wild scharf alt jung krank schlecht

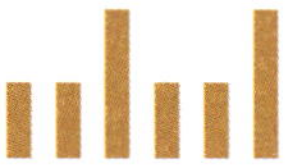
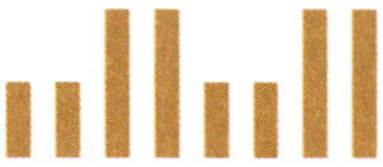

dicht

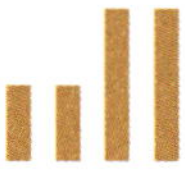

der Durst, elf, der Glanz, das Herz, die Luft, der Wunsch

4 Wörter mit doppeltem Konsonanten üben

(1) Ergänze den passenden doppelten Konsonanten.
Schreibe die Wörter vollständig in dein Heft.
Markiere wie im Beispiel.

S. 16 ①
Knall, ...

= ll   = mm   = nn   = ss

Knall	geschlo___en	eri___ern	Mü___
Bi___	gewo___en	pa___en	besti___t
ke___en	verge___lich	Ba___	pa___ieren
a___es	zusa___en	Me___er	do___ern

(2) Lies die Sätze und unterstreiche alle Wörter
mit einem doppelten Konsonanten.
Schreibe die entsprechenden Sätze ab.

S. 16 ②
A: Malik kennt viele ....

A Malik kennt viele nette Leute in Hessen.

B Der Müll passt bestimmt noch in die Tonne.

C Bei Ebbe geht das Wasser im Meer zurück.

D Manche Leute trinken gern Tee mit Milch.

E Lola ist vergesslich und vergisst den Schlüssel.

aufpassen, hoffentlich, innerhalb, das Interesse, klappen

Wörter mit **ck** richtig schreiben

(1) Verbinde jedes Nomen mit ck mit dem verwandten Wort.

der Blick | der Dreck | der Wecker | der Druck | der Fleck | die Ecke

wecken | fleckig | blicken | dreckig | eckig | drücken

(2) Schreibe die Wortpaare aus (1) wie im Beispiel auf.

der Blick – blicken,

(3) Ergänze in den Sätzen passende Wörter aus (1).

Bei Lola zu Hause

Lolas Tisch ist nicht rund, sondern ______________.

In der ______________ steht eine moderne Lampe.

Auf dem Schränkchen steht ein großer ______________.

Auf dem Boden ist ein brauner ______________.

Manchmal ist Lolas Zimmer ______________.

Dann macht sie den ______________ schnell weg.

der Geschmack, nicken, der Rock, schmecken, das Stück

① Schreibe zu jedem Muster das passende Wort mit tz. Markiere wie im Beispiel.

nützlich | ~~Schmutz~~ | verletzen | schützen | besetzt | Verschmutzung

Schmutz

② Kreise in jedem Rahmen die beiden Reimwörter ein.
Schreibe sie wie im Beispiel auf.

Spatz ✶ Blitz ✶ setzen ✶ Satz ✶ putzen

Schatz ✶ Schutz ✶ blitzen ✶ Netz ✶ sitzen

nutzen ✶ trotzig ✶ spitz ✶ beschmutzen ✶ witzig

jetzt ✶ flitzen ✶ spritzen ✶ letzter ✶ Glatze

motzen ✶ kratzen ✶ Witz ✶ Schmutz ✶ glotzen

Spatz – Satz,

jetzt, nützlich, der Schutz, schützen, zuletzt

① Schreibe die Wörter nach dem Alphabet geordnet auf.

1	Schnur	Ostern	~~Axt~~	Kleber	Radio
2	Pflicht	deutlich	heimlich	Bremse	angeln
3	Vorsicht	Heide	wenig	Jugend	Uhu

1: Axt,

2:

3:

② Kreuze die Wörterreihen an, die richtig nach dem Alphabet geordnet sind. Schreibe sie ab.

○	fein	fertig	flüssig	Frucht
○	Erlebnis	endlich	Europa	Eltern
○	wechseln	weinen	Wissen	wohl
○	Zeichen	Zensur	zukünftig	zwölf

der Lärm, das Laub, die Natur, neben

A-Z

① Finde zu jeder Grundform die Vergangenheitsform.
Ergänze den passenden Vokal.
Schreibe die Wortpaare dann in dein Heft und markiere wie im Beispiel.

S. 20 ①
1: wiegen – sie wog
2: ...

☐ = a ☐ = i ☐ = o

1	wiegen	R	sie str__ch
2	denken	E	es h__ng
3	streichen	K	er verl__r
4	reißen	T	es kr__ch
5	hängen	E	er d__chte
6	verlieren	F	es r__ss
7	kriechen	P	sie w o g

Die Buchstaben ergeben in der Reihenfolge von eins bis sieben ein Lösungswort.

Lösungswort:

1	2	3	4	5	6	7

② Suche die Vergangenheitsform der Verben im Wörterbuch. Schreibe die Wörter und die Seitenzahlen auf.

S. 20 ②
lassen – er ließ, S. ...,
...

lassen gewinnen streiten

verbieten wissen geschehen

dürfen – sie darf, schlafen – es schläft, treffen – du triffst

(1) Folge den Linien mit den Augen und schreibe die Nomen richtig auf.
Beginne immer mit dem **fett gedruckten** Buchstaben.

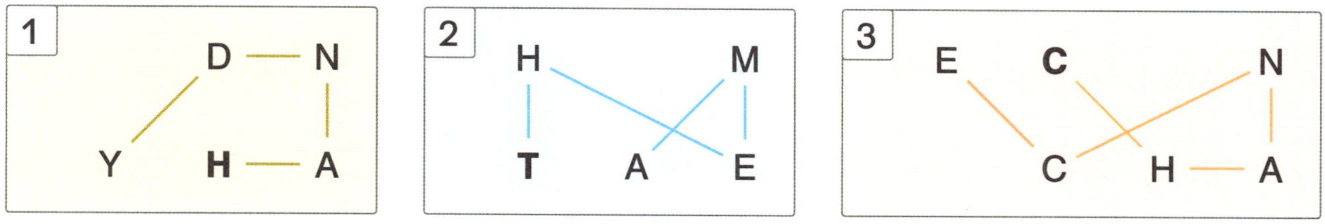

Handy ✓

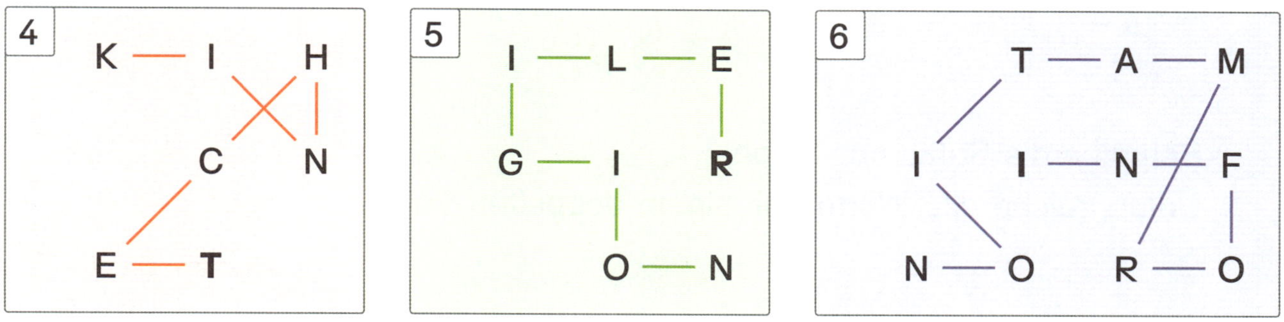

(2) Ergänze die Wörter aus (1) passend.

Eine ______________ ist eine gute Gelegenheit.

Das Wort ______________ bedeutet auch Glaube.

Mit einem ______________ kann man auch telefonieren.

Die meisten Texte haben ein bestimmtes ______________.

Ein bestimmtes Wissen nennt man ______________.

In modernen Fahrzeugen steckt viel ______________.

M fair, die Pyramide, das Thema, der Zylinder

M

1 Verbinde die Satzteile passend.

Lola isst ein paar Beeren	blüht im Juni am Meer.
Am See gibt es	sehr gut im feuchten Moor.
Im großen Saal sind	aus ihrem Beet im Garten.
Das Moos wächst	auch einen schönen Zoo.
Klee mit gelben Blüten	Tische und tanzende Paare.

2 Schreibe die Sätze aus 1 ab.
Unterstreiche alle Wörter mit einem doppelten Vokal.

S. 22 ②
Lola isst ein paar ...

3 Nummeriere die Merkwörter nach dem Alphabet.

1 Chef ___ Pizza ___ mailen ___ surfen

___ Teddy ___ Chor ___ Tablet ___ Clown

4 Schreibe die Merkwörter aus 3 nach dem Alphabet geordnet auf.
Markiere die Merkstellen.

Chef, ✓

M das Boot, der Chor, doof, leer, der Saal, die Waage

① Finde zu jeder Grundform des Verbs die passende Personalform.
Schreibe und markiere wie im Beispiel.

~~stehlen~~	kühlen	wohnen	bohren	fehlen	mahlen
er wohnt	sie mahlt	es fehlt	es kühlt	~~er stiehlt~~	sie bohrt

stehlen – er stiehlt,

② Lies die Sätze und ergänze die Verben passend.
Markiere jeweils das stumme h.

bezahlen	führen	kühlen	erzählen	mahlen	fehlen

In der Schule ____________ einige kranke Kinder.

Getreide kann man fein ____________.

Im Geschäft muss man die Waren ____________.

Getränke muss man im Sommer ____________.

Opa kann gut Geschichten ____________.

Hunde muss man oft an der Leine ____________.

Bilder kann man **malen**, Getreide für Brot kann man **mahlen**.

M befehlen – sie befiehlt, erzählen – er erzählt,
fahren – er fährt, stehlen – sie stiehlt

Merkwörter mit stummem h richtig schreiben

Ⓜ

① Finde die Reimwortpaare und schreibe sie auf. Markiere wie im Beispiel.

~~mehr~~ ✶ Fahne ✶ fühlen ✶ sehr ✶ Zahn ✶ kühlen ✶
Wahl ✶ führen ✶ Zahl ✶ Hahn ✶ rühren ✶ Sahne

mehr –

② Ordne jedem Einzahlwort das passende Mehrzahlwort zu.
Markiere wie im Beispiel.

~~das Huhn~~	der Sohn	der Stuhl	der Lohn	der Lehrer
die Stühle	die Löhne	die Hühner	die Lehrer	die Söhne

das Huhn –

③ Schreibe zwei lustige Sätze, in denen diese Wörter vorkommen.

S. 24 ③
A: ...

A	Ohr ✶ zehn ✶ wohnen

B	Uhr ✶ Fehler ✶ zählen

M die Bahn, ehrlich, froh, hohl, kühl, der Lohn, nah

1 Löse das Silbenrätsel.
Schreibe die Wörter vollständig auf.

Gar	di	Ki	pir	Ka	nik	la		
wi	Kli	di	De	Ap	Ti	tiv		
Vam	si	~~Mu~~	La	no	min	ne	fel	zin
ne	Ki	ger	Li	~~sik~~	Me	wi	ne	tek

1. schöne Töne, zum Beispiel in einem Lied — Musik
2. dort kann man Filme anschauen
3. so nennt man auch ein Krankenhaus
4. ein Wesen aus dem Horrorfilm, das Blut saugt
5. das nimmt man, wenn man krank ist
6. ein anderes Wort für Vorhang
7. eine kleine Frucht, innen grün
8. eine Art offener Ofen mit Feuer
9. eine Farbe, gemischt aus Rot und Blau
10. jemand, der Verbrecher sucht
11. eine Raubkatze aus dem Dschungel
12. eine Frucht, heißt auch Orange
13. Schnee, der von einem Berg herabstürzt

M der Biber, das Kilogramm, minus, prima

① Lies die Sätze und unterstreiche alle Wörter mit ß.
Schreibe sie ins Heft und markiere ß.

A Im Winter hat man oft kalte Hände und Füße.

B Die Kinder ließen den Rucksack draußen liegen.

C Die Verletzung war nur äußerlich.

D Im Sommer genießen wir gern ein Eis.

E Der große Hund fraß eine dicke Wurst.

F Du weißt schon viel über Merkwörter.

G Pflanzen muss man manchmal gießen.

H Türen sollte man möglichst leise schließen.

I Der Mann vergaß den wichtigen Termin.

J Die Frau hieß wie ihre Mutter.

K Er ließ ein Kind an der Kasse vor.

Schreibe zu den Verbformen auch das Pronomen, statt **weißt** also **du weißt**.

② Schreibe sinnvolle oder lustige Sätze
mit den Wörtern aus jedem Rahmen.
Unterstreiche in deinen Sätzen alle Wörter mit ß.

Straße ✶ Spaß	Fuß ✶ äußerlich	heiß ✶ genießen

Floß ✶ groß	gießen ✶ sie vergaß

M außen, äußerlich, gießen, das Maß, schließen, schließlich

① Diese Nomen sind halb verdeckt. Schreibe sie mit ihrem Artikel richtig auf.

die Reihe | das Schwein | das Gebiet | das Reh

Programm das | Impfung die | Kreuzung die

die Reihe,

② Lies die Sätze und markiere die Nomen.
Schreibe sie im Heft auf.
Beweise die Großschreibung
mit dem Mehrzahlwort.

S. 27 ②
A: das Kind – die Kinder, …
B: …

A DAS KIND LEGT EINE SCHÖNE ZEICHNUNG IN SEINE MAPPE.

B FÜR DIE ÜBUNG GIBT DIE LEHRERIN EIN BEISPIEL VOR.

C DIE PFLANZE AUF DER HEIZUNG IST LEIDER VERTROCKNET.

D DAS MÄDCHEN KLEBT DIE BUNTE MARKE AUF DIE KARTE.

der Bürger, der Geiz, der Rasen, der Samen

① Überlege, welche Strategie dir hilft, die markierte Stelle richtig zu schreiben. Schreibe jedes Wort zum passenden Zeichen.

~~Herstellung~~ ★ kälter ★ boxen ★ bewegt ★ Chef ★ Party ★ loslassen ★ tausend ★ friedlich ★ Thermometer ★ nummerieren ★ kränker ★ wild ★ schärfer ★ Kätzchen ★ Schwimmbad ★ gewachsen ★ weggehen ★ Mandarine ★ Länge ★ gefressen ★ Fußbälle ★ begonnen ★ Schreibtisch

Herstellung,

bekommen, trotzdem, überqueren, ungefähr M

1. Entscheide, wie die Wörter geschrieben werden.
Notiere das Strategiesymbol und das Wort, das dir geholfen hat.

A Malik ist manchmal etwas ängstlich/engstlich.

ängstlich ↯ die Angst

B Rani kann lenger/länger tauchen als Bente.

C Tim pflekt/pflegt oft die Pferde im Stall.

D Leider ist der Vogel auf der Straße tod/tot.

E Heute ist es wermer/wärmer als gestern.

F Am Dienstak/Dienstag sollen die Maurer kommen.

G Oma wessert/wässert die Blumen auf dem Balkon.

H Eichen haben herteres/härteres Holz als Tannen.

I Alle Wörter sollen richtig/richtik geschrieben sein.

Schleichen sich manchmal Fehler in deine Wörter ein?
Hier sind **Lolas Tipps** für dich.

1. **Sprich** beim Schreiben **in Silben leise mit**. So vergisst du keinen Buchstaben.

Gewitter

2. Überlege: groß oder klein?

Katze oder katze?

Die Katze – **die Katzen**, die **schwarze** Katze – also groß.

3. Überlege: d oder t, g oder k, b oder p am Ende?

Wand oder Want?

Ich **verlängere**: Wände – also Wand.

4. Überlege: ä oder e, äu oder eu?

Gläser oder Gleser?

Ich **leite ab**: Gläser von Glas – also mit **ä**.

5. Überlege: ein oder zwei Konsonanten?

Bett oder Bet?

Nach einem kurzen Vokal folgen meist zwei Konsonanten. Also: Bett.

(1) Wähle zehn oder mehr Wörter aus diesem Heft aus, bei denen Lolas Tipps nützlich sind. Schreibe sie auf, markiere jeweils die schwierige Stelle und notiere das passende Strategiezeichen.

S. 30 ①
…

Merkwörter soll man sich merken. Aber wenn das nicht klappt?
Hier sind **Lolas Tipps** für dich, die **Spaß machen** können.

1. **Kim-Spiel** mit Merkwörterkärtchen aus der Lernwörterkartei: Wähle drei oder mehr Merkwörter aus. Lies die Wörter und drehe die Kärtchen um. Schreibe sie auswendig auf.

2. Nimm schwierige Merkwörter als **Audio-Datei** auf. Du kannst sie abspielen und als Diktat üben.

3. Schreibe schwierige Merkwörter in bunten Farben in **Quatschsätzen**.

4. **Übt zu zweit.**
   a) Ein Kind **schreibt** dem Partnerkind ein Merkwort **auf den Rücken**. Das Partnerkind schreibt das Wort auf ein Blatt und markiert die Merkstelle.
   b) Stellt euch gegenseitig **Rätsel** zu den Merkwörtern und notiert die Lösungen.

(1) Wähle einige Merkwörter aus diesem Heft aus.
Übe sie mit Lolas Tipps allein oder suche dir ein Partnerkind.
Markiere die schwierige Stelle in jedem Merkwort.

Einsterns Schwester 3

Trainingsheft
zum Grundwortschatz

Herausgegeben von: Roland Bauer, Jutta Maurach

Erarbeitet von: Martina Schramm
in Zusammenarbeit mit der Redaktion Grundschule Deutsch 2–4

Redaktion: Kristina Fischer, Sabine Gerber, Milena Lemke

Illustration: Yo Rühmer, Frankfurt am Main

Umschlag: Cornelia Gründer, Corngreen GmbH, Leipzig (Gestaltung); Yo Rühmer, Frankfurt am Main (Illustration)

Layout und technische Umsetzung: lernsatz.de

www.cornelsen.de

1. Auflage, 1. Druck 2023

Alle Drucke dieser Auflage sind inhaltlich unverändert
und können im Unterricht nebeneinander verwendet werden.

Druck: ppm Fulda GmbH & Co. KG, Fulda

ISBN 978-3-464-80363-9 (Trainingsheft zum Grundwortschatz, Verbrauchsmaterial)

PEFC-zertifiziert
Dieses Produkt stammt aus nachhaltig bewirtschafteten Wäldern, Recycling und kontrollierten Quellen
PEFC
PEFC/04-31-1308
www.pefc.de